Impressum
Verlag: BABADADA GmbH, Nedderfeld 112 , 22529 Hamburg
Geschäftsführer / Verlagsleitung: Harald Hof
Druck: Books on Demand GmbH, In de Tarpen 42, 22848 Norderstedt

Imprint
Publisher: BABADADA GmbH, Nedderfeld 112 , 22529 Hamburg, Germany
Managing Director / Publishing direction: Harald Hof
Print: Books on Demand GmbH, In de Tarpen 42, 22848 Norderstedt

colegio
d Schuel

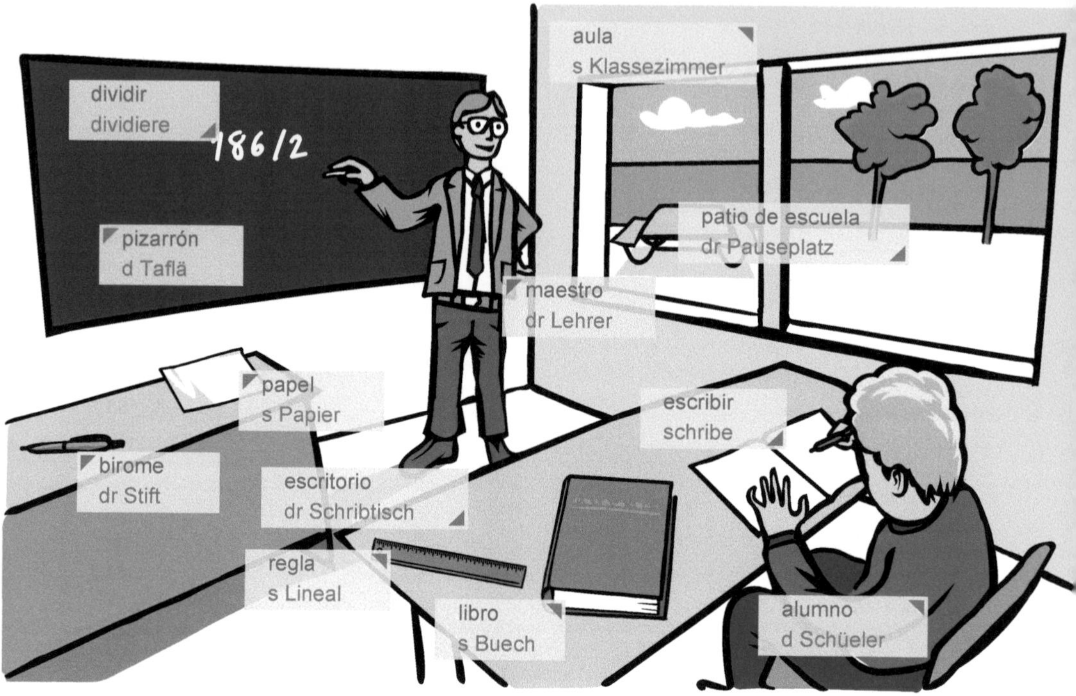
aula
s Klassezimmer
dividir
dividiere
186/2
pizarrón
d Taflä
patio de escuela
dr Pauseplatz
maestro
dr Lehrer
papel
s Papier
escribir
schribe
birome
dr Stift
escritorio
dr Schribtisch
regla
s Lineal
libro
s Buech
alumno
d Schüeler

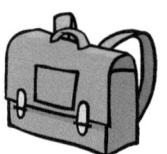

mochila

dr Thek

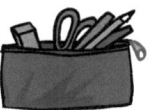

caja de lápices

s Etui

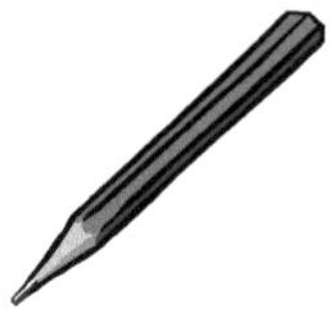

lápiz

dr Bleistift

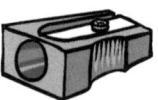

sacapuntas

dr Spitzer

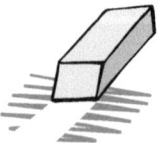

goma (de borrar)

s Radiergummi

bloc de dibujo

dr Zeicheblock

dibujo

d Zeichnig

pincel

dr Pinsel

caja de pinturas

dr Malchaschte

tijera

d Schär

pegamento

dr Liim

cuaderno de ejercicios

s Üebigsheft

tarea

d Huusufgabe

número

d Zahl

sumar

addiere

restar

subtrahiere

multiplicar

multipliziere

calcular

rächne

letra

dr Buechstabe

abecedario

s Alphabet

palabra

s Wort

texto

dr Text

leer

läse

tiza

d Kriide

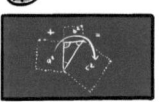

lección

d Lektion

cuaderno de clase

s Klassäbuech

examen

d Prüefig

certificado

s Zügnis

uniforme escolar

d Schueluniform

educación

d Usbildig

enciclopedia

d Enzyklopädie

universidad

d Universität

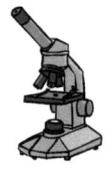

microscopio

s Mikroskop

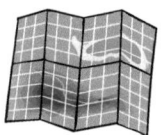

mapa

d Charte

tacho (de basura)

dr Papierchorb

colegio - d Schuel

viaje
d Reis

hotel
s Hotel
Grand
hostel
d Härbärg
ROOMS
casa de cambio
d Wächselstube
valija
dr Koffer
auto
s Auto

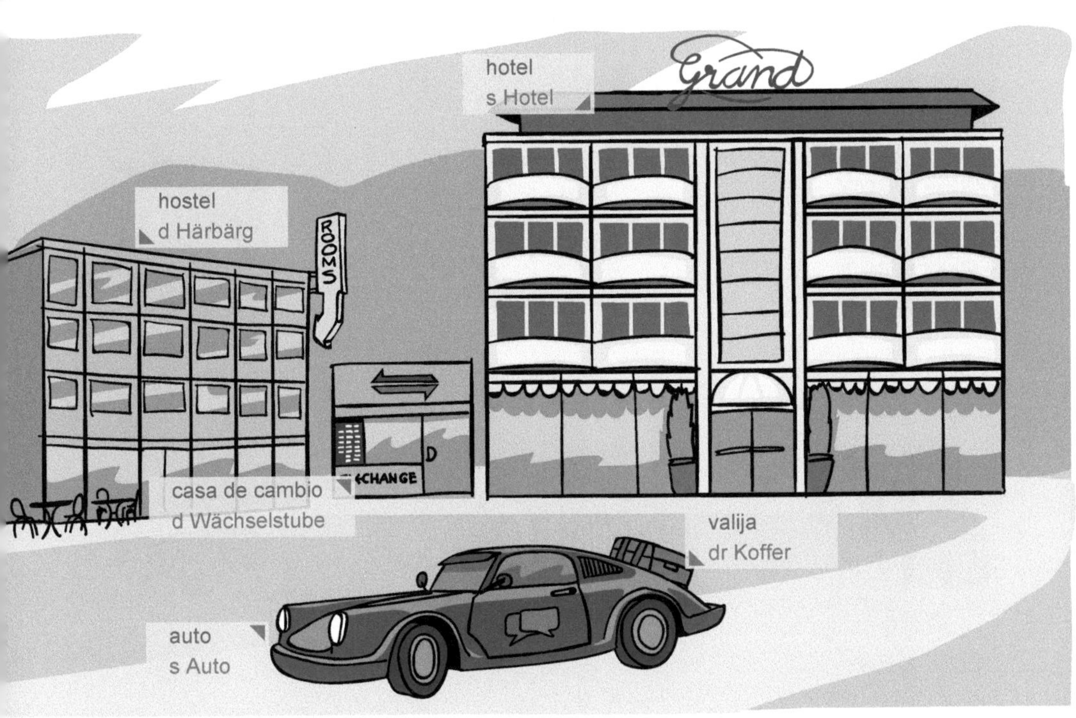

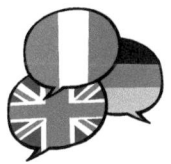

idioma

d Sprach

sí / no

jo / nei

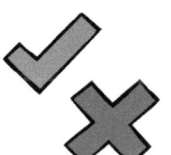

Está bien

okay

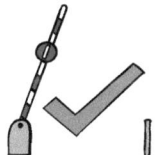

hola

Hallo

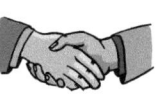

traductor

dr Dolmetscher

Gracias

Dankä

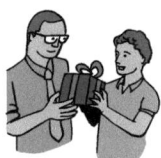

¿cuánto cuesta...?

Was chostet...?

No entiendo

Ich vrstahs nöd

problema

s Problem

¡Buenas tardes!

Guete Abig!

¡Buenos días!

guete Morgä!

¡Buenas noches!

guete Abig!

adiós

Uf Wiederseh

dirección

d Richtig

equipaje

s Bagaasch

bolso

d Täsche

mochila

dr Rucksack

invitado

dr Gast

habitación

dr Ruum

bolsa de dormir

dr Schlafsack

carpa

s Zält

información turística

d Touristeninformation

playa

dr Strand

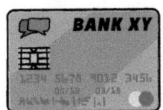

tarjeta de crédito

d Kreditkarte

desayuno

s Zmorge

almuerzo

s Zmittag

cena

s Znacht

pasaje

s Billet

ascensor

dr Ufzug

sello

d Briefmarke

frontera

d Gränze

aduana

dr Zoll

embajada

d Botschaft

visa

s Visum

pasaporte

dr Pass

transporte
dr Transport

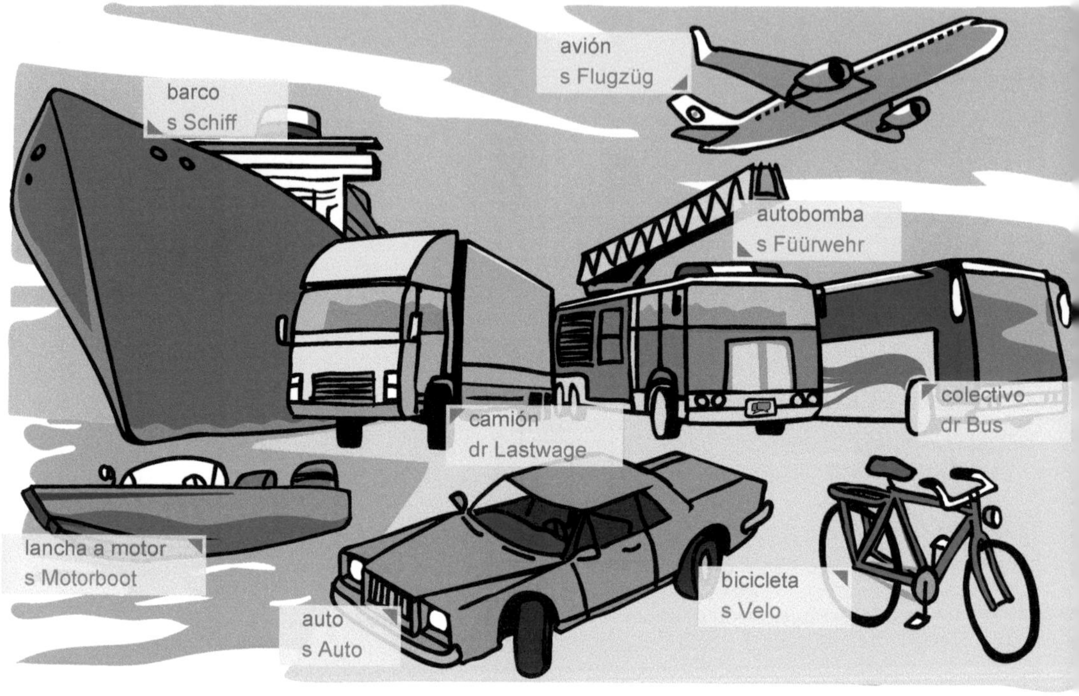
avión
s Flugzüg
barco
s Schiff
autobomba
s Füürwehr
colectivo
dr Bus
camión
dr Lastwage
lancha a motor
s Motorboot
bicicleta
s Velo
auto
s Auto

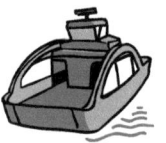

ferry

d Fähri

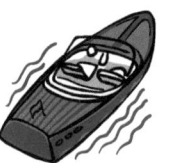

bote

s Boot

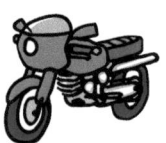

moto

s Töff

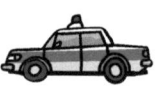

patrullero

s Polizeiauto

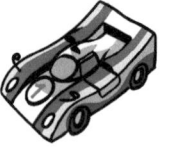

auto de carreras

s Rännauto

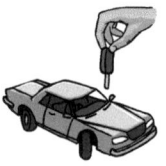

auto de alquiler

dr Mietwage

alquiler de autos

s Carsharing

grúa

dr Abschleppwage

camión de basura

dr Chübelwage

motor

dr Motor

nafta

s Benzin

estación de servicio

d Tankstell

señal de tránsito

s Verkehrsschild

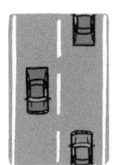

tránsito

dr Verchehr

embotellamiento

dr Stau

estacionamiento

dr Parkplatz

estación de tren

dr Bahnhof

vías

d Schiene

tren

dr Zug

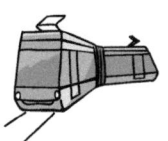

tranvía

d Strassebahn

vagón

dr Wagon

helicóptero

dr Helikopter

aeropuerto

dr Flughafe

torre

dr Tower

pasajero

dr Passagier

contenedor

dr Container

caja de cartón

dr Karton

carretilla

dr Chare

canasta

dr Korb

despegar / aterrizar

starte / lande

ciudad

d Stadt

pueblo

s Dorf

centro de ciudad

s Stadtzentrum

casa

s Huus

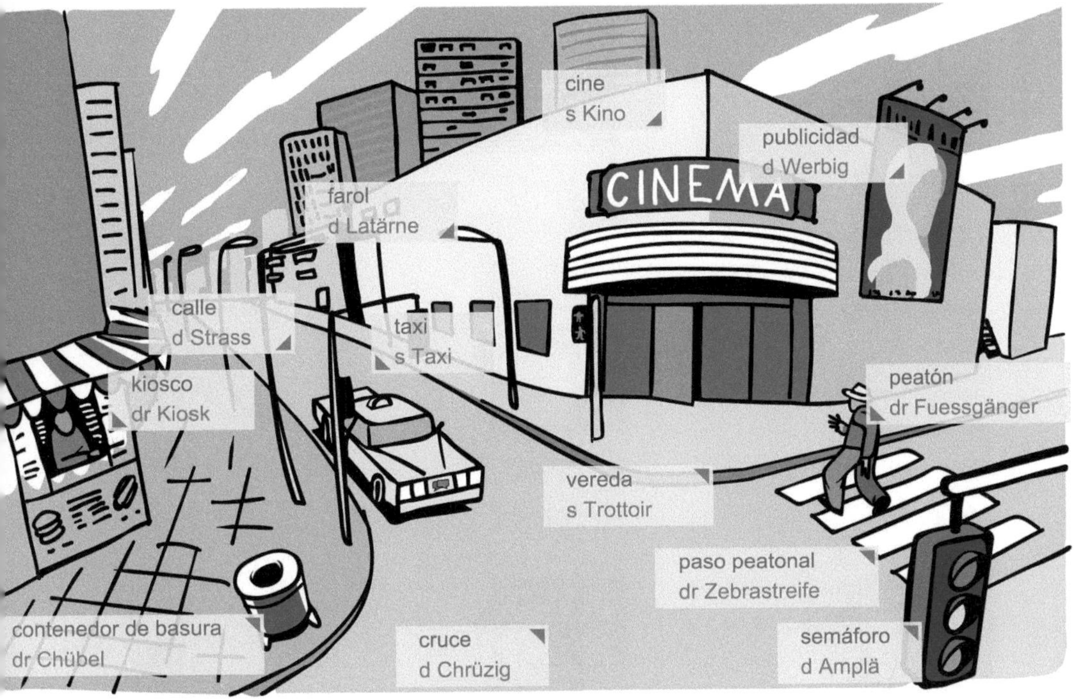

cine
s Kino

publicidad
d Werbig

farol
d Latärne

calle
d Strass

taxi
s Taxi

peatón
dr Fuessgänger

kiosco
dr Kiosk

vereda
s Trottoir

paso peatonal
dr Zebrastreife

contenedor de basura
dr Chübel

cruce
d Chrüzig

semáforo
d Amplä

cabaña
d Hütte

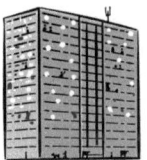

departamento
d Wohnig

estación de tren
dr Bahnhof

municipalidad
s Gmeindshuus

museo
s Museum

colegio
d Schuel

universidad

d Universität

banco

d Bank

hospital

s Spital

hotel

s Hotel

farmacia

d Apotheke

oficina

s Büro

librería

s Buechgschäft

negocio

s Gschäft

florería

dr Bluemelade

supermercado

dr Läbensmittellade

mercado

dr Märt

grandes tiendas

s Chaufhuus

pescadería

dr Fischhändler

centro comercial

s Iihkaufszentrum

puerto

dr Hafe

parque

dr Park

banco

d Bank

puente

d Brugg

escaleras

d Stäge

subte

d U-Bahn

túnel

dr Tunnell

parada del colectivo

d Bushaltestell

bar

d Bar

restaurante

s Restaurant

buzón

dr Briefchastä

letrero

s Strasseschild

parquímetro

d Parkuhr

zoológico

dr Zolli

pileta

d Badi

mezquita

d Moschee

granja

dr Buurehof

contaminación

d Umwältvrschmutzig

cementerio

dr Fridhof

iglesia

d Chile

juegos infantiles

dr Spielplatz

templo

dr Tämpel

paisaje
d Landschaft

hoja
s Blatt

poste indicador
dr Wägwiiser

camino
dr Wäg

pradera
d Wise

piedra
dr Stei

excursionista
dr Wanderer

árbol
dr Baum

río
dr Fluss

hierba
s Gras

flor
d Bluamä

valle

s Tal

montaña

dr Bärg

lago

dr See

bosque

dr Wald

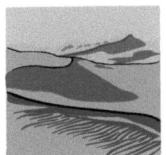

desierto

d Wüeschti

volcán

dr Vulkan

castillo

s Schloss

arco iris

dr Rägeboge

champiñón

dr Pilz

palmera

d Palme

mosquito

dr Moskito

mosca

d Fliege

hormiga

d Ameise

abeja

s Biendli

araña

d Spinne

escarabajo

dr Chäfer

rana

dr Frosch

ardilla

s Eichhörnli

erizo

dr Igel

liebre

dr Haas

lechuza

d Üle

pájaro

d Vogu

cisne

dr Schwan

jabalí

s Wildschwein

ciervo

dr Hirsch

alce

dr Elch

presa

dr Damm

aerogenerador

d Windturbine

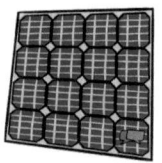

panel solar

dr Sunnekollektor

clima

s Klima

restaurante

s Restaurant

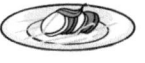

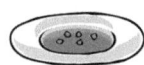

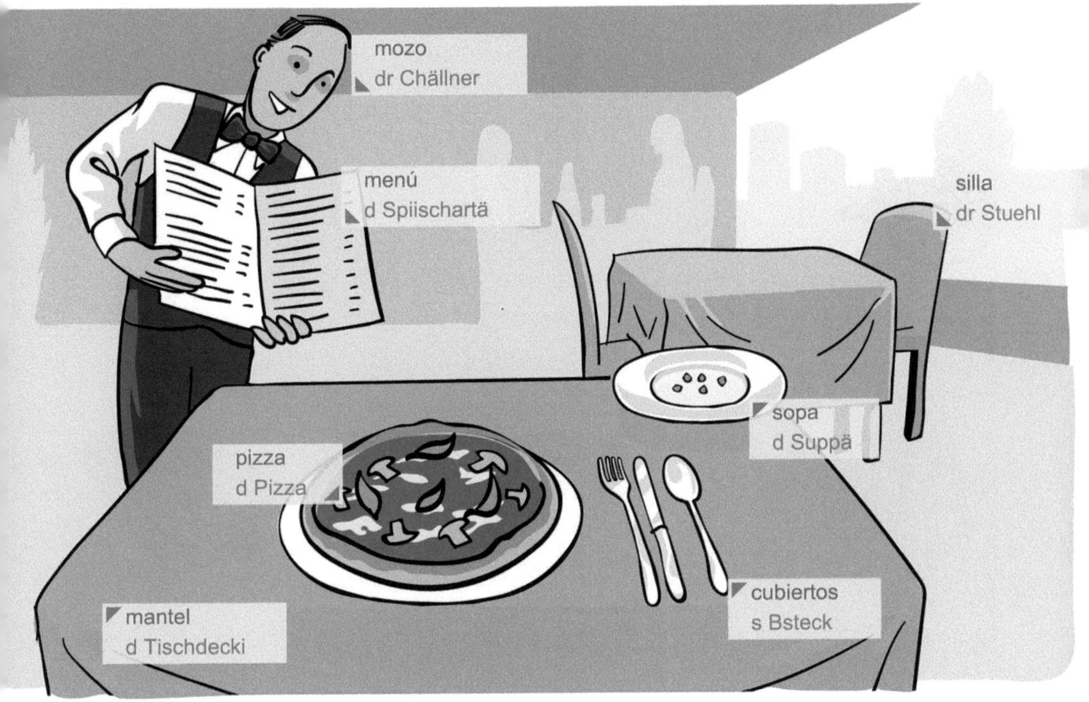
mozo
dr Chällner
menú
d Spiischartä
silla
dr Stuehl
sopa
d Suppä
pizza
d Pizza
cubiertos
s Bsteck
mantel
d Tischdecki

entrada

d Vorspiies

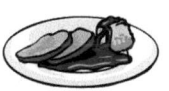

plato principal

s Hauptgricht

postre

s Dessert

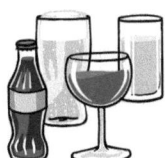

bebidas

ɛ Getränk

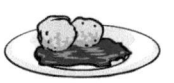

comida

d Läbensmittel

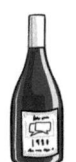

botella

d Fläsche

comida rápida

s Fast Food

comida callejera

s Street Food

tetera

d Teechanne

azucarera

d Zuckerdosä

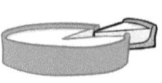

porción

d Portion

cafetera expreso

d Espressomaschine

sillita alta

dr Hochstuehl

cuenta

d Rächnig

bandeja

s Tablett

cuchillo

s Mässer

tenedor

d Gable

cuchara

dr Löffel

cucharita

dr Teelöffel

servilleta

d Serviette

vaso

s Glas

plato
....
dr Täller

plato hondo
....
dr Suppetällär

plato
....
d Untertasse

salsa
....
d Sose

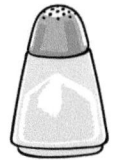

salero
....
dr Salzstreuer

molinillo de pimienta
....
d Pfäffermühli

vinagre
....
dr Essig

aceite
....
s Öl

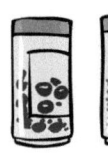

especias
....
d Gwürz

kétchup
....
ds Ketchup

mostaza
....
dr Sänf

mayonesa
....
d Mayonnaise

supermercado
dr Läbensmittellade

oferta especial
s Ahgebot
FOR
cliente
dr Chund
lácteos
d Milchprodukt
fruta
d Frücht
changuito
dr lichaufswage

BUTCHERS

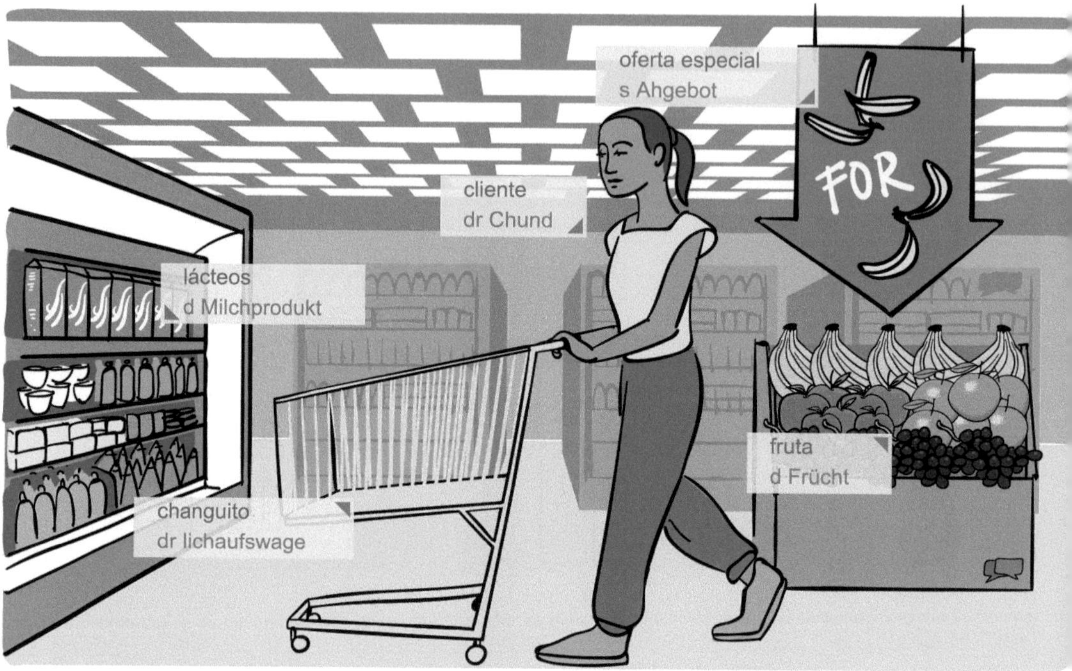

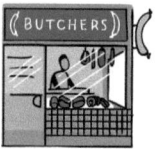

carnicería

dr Schlachter

BAKERY

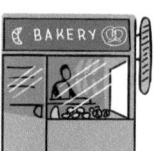

panadería

dr Beck

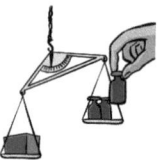

pesar

wiege

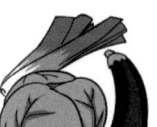

verduras

s Gmües

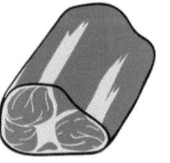

carne

s Fleisch

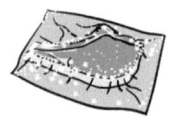

alimentos congelados

d Tiefkühlprodukt

fiambres	alimentos enlatados	detergente en polvo
dr Ufschnitt	d Konsärve	s Wöschmittel

golosinas	electrodomésticos	productos de limpieza
d Süessigkeite	d Huushaltartikel	s Putzmittel

vendedora	caja	cajero
d Verchäuferin	d Kassä	dr Kassierer

lista de compras	horario de atención	billetera
d Ihchaufsliste	d Öffnigszite	s Portemonnaie

tarjeta de crédito	cartera	bolsa de plástico
d Kreditkarte	d Täsche	dr Plastiksack

agua

s Wasser

jugo

dr Saft

leche

d Milch

bebida cola

d Cola

vino

dr Wii

cerveza

s Bier

alcohol

dr Alkohol

cacao

s Ovi

té

dr Tee

café

dr Kafi

café expreso

dr Espresso

cappuccino

dr Cappuccino

banana

d Banane

manzana

dr Öpfel

naranja

d Orange

melón

d Melone

limón

d Zitrone

zanahoria

s Rüebli

ajo

dr chnoobli

bambú

dr Bambus

cebolla

d Zwiblä

champiñón

dr Pilz

nueces

d Nüss

fideos

d Nudle

tallarines

d Spaghetti

arroz

dr Riis

ensalada

dr Salat

papas fritas

d Pommfrit

papas fritas

d Bratherdöpfel

pizza

d Pizza

hamburguesa

dr Hamburgär

sándwich

s Sandwich

churrasco

s Gotlett

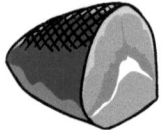

jamón

dr Schinkä

salame

d Salami

salchicha

s Würschtli

pollo

s Huehn

asado

dr Bratä

pescado

dr Fisch

copos de avena

d Haferflocke

muesli

s Müesli

copos de maíz

d Cornflakes

harina

s Mähl

medialuna

s Gipfeli

pancito

s Brötli

pan

s Brot

tostada

dr Toscht

galletitas

s Guetzli

manteca

d Butter

cuajada

dr Quark

torta

dr Chueche

huevo

s Ei

huevo frito

s Spiegelei

queso

dr Chäs

helado

d Glace

azúcar

dr Zucker

miel

dr Honig

mermelada

d Gonfi

pasta de chocolate

d Nougat-Creme

curry

s Curry

granja
dr Buurehof

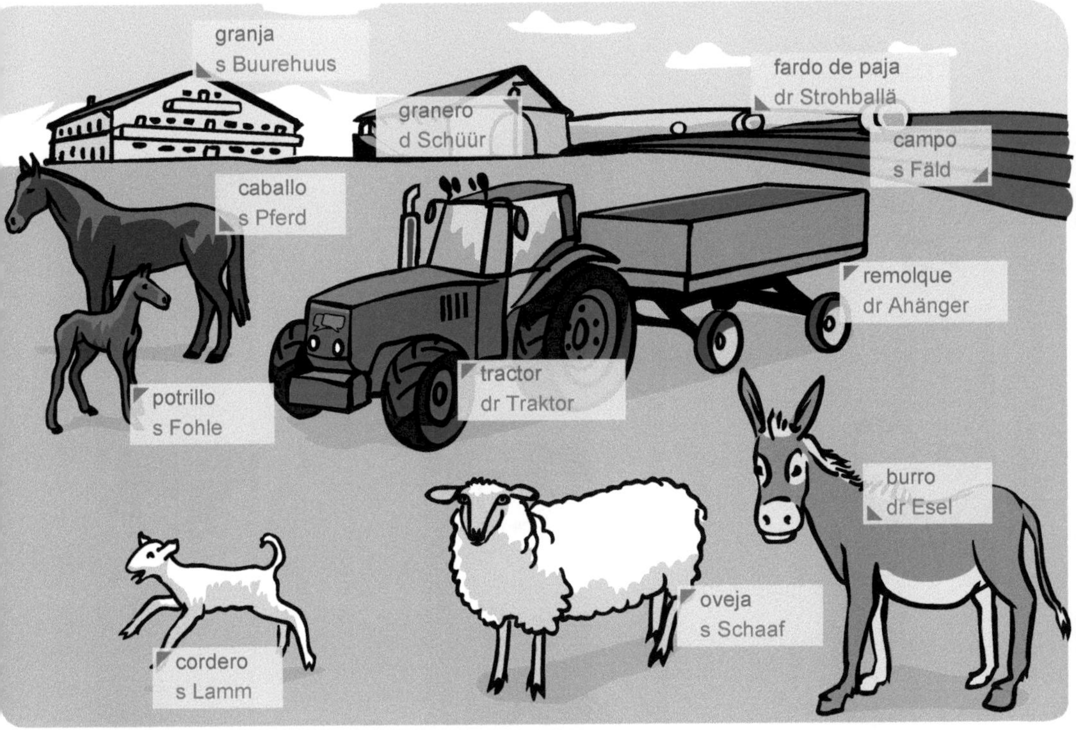
granja
s Buurehuus
granero
d Schüür
fardo de paja
dr Strohballä
campo
s Fäld
caballo
s Pferd
remolque
dr Ahänger
tractor
dr Traktor
potrillo
s Fohle
burro
dr Esel
oveja
s Schaaf
cordero
s Lamm

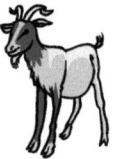

cabra

d Geiss

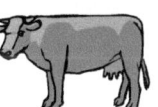

vaca

d Chueh

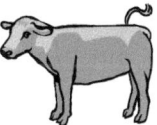

ternero

s Chalb

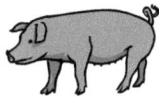

cerdo

d Sau

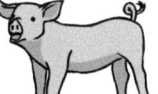

lechón

s Ferkel

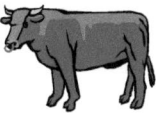

toro

s Rind

ganso

d Gans

pato

d Änte

pollo

s Küke

gallina

s Huähn

gallo

dr Güggel

rata

d Ratte

gato

d Chatz

ratón

d Muus

buey

dr Ochse

perro

dr Hund

cucha

d Hundehütte

manguera

dr Garteschluuch

regadera

d Giesschanne

guadaña

d Sägese

arado

dr Pflueg

hoz

d Sichel

azada

d Hacke

horquilla

d Heugable

hacha

d Axt

carretilla

d Garette

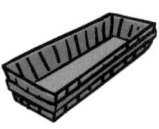

abrevadero

dr Trog

lechera

d Milchchanne

bolsa

dr Sack

reja

dr Haag

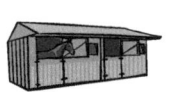

establo

dr Gadä

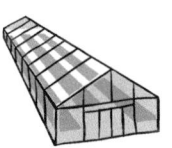

invernadero

s Gwächshuus

suelo

dr Bode

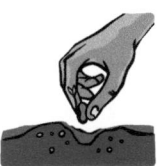

semilla

dr Soome

fertilizador

dr Dünger

cosechadora

dr Mähdrescher

cosechar

ärnte

cosecha

d Ärnte

batatas

d Yamswurzle

trigo

dr Weize

soja

s Soja

papa

dr Härdöpfel

maíz

dr Mais

semilla de colza

dr Raps

árbol frutal

dr Obstbaum

mandioca

dr Maniok

cereales

s Getreide

casa
s Huus

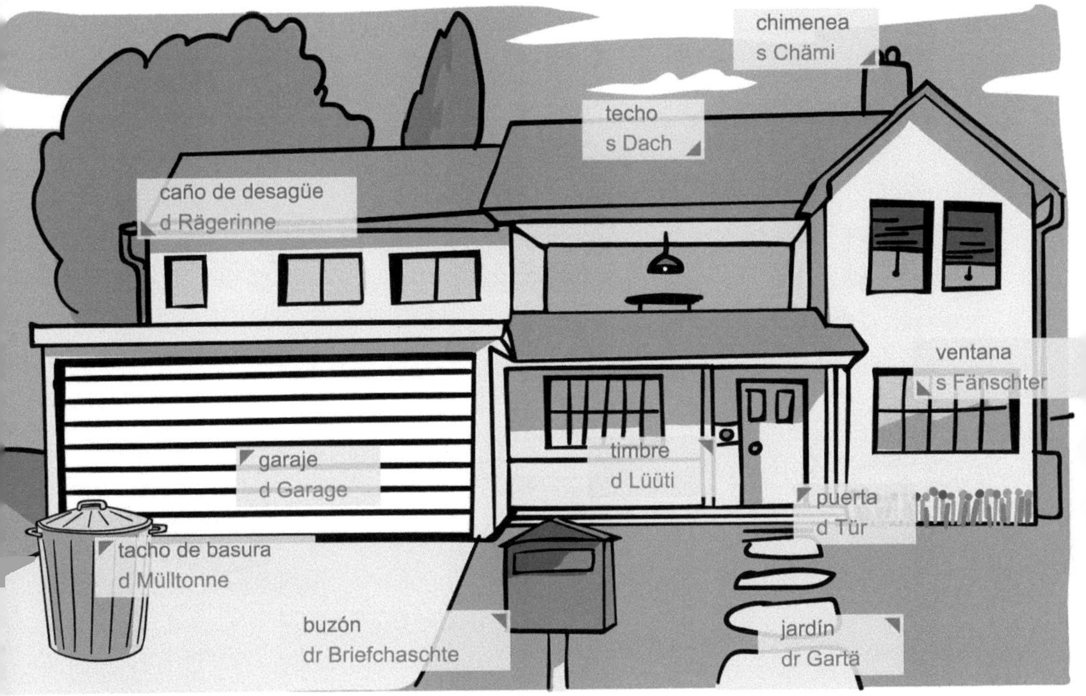
chimenea
s Chämi
techo
s Dach
caño de desagüe
d Rägerinne
ventana
s Fänschter
timbre
d Lüüti
garaje
d Garage
puerta
d Tür
tacho de basura
d Mülltonne
buzón
dr Briefchaschte
jardín
dr Gartä

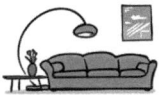

living

s Stubä

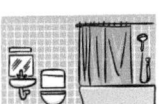

baño

s Badzimmer

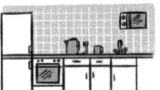

cocina

d Chuchi

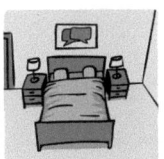

dormitorio

s Schlofzimmer

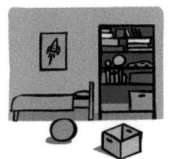

cuarto de los chicos

s Chinderzimmer

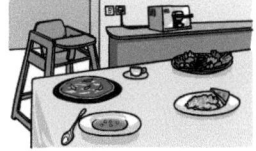

comedor

s Ässzimmer

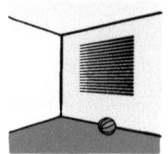

piso
....
dr Bodä

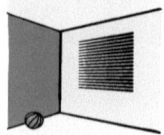

pared
....
d Wand

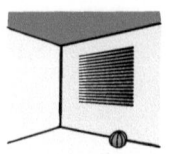

cielorraso
....
d Decki

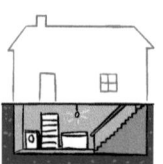

sótano
....
dr Chäller

sauna
....
d Sauna

balcón
....
dr Balkon

terraza
....
d Terasse

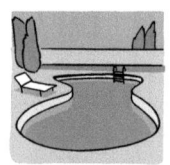

pileta
....
s Pool

cortadora de pasto
....
dr Rasemäier

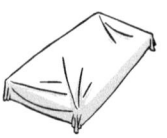

sábana
....
dr Bettbezug

acolchado
....
d Bettdecki

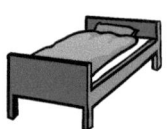

cama
....
s Bett

escoba
....
dr Bäse

balde
....
dr Chübel

interruptor
....
dr Schalter

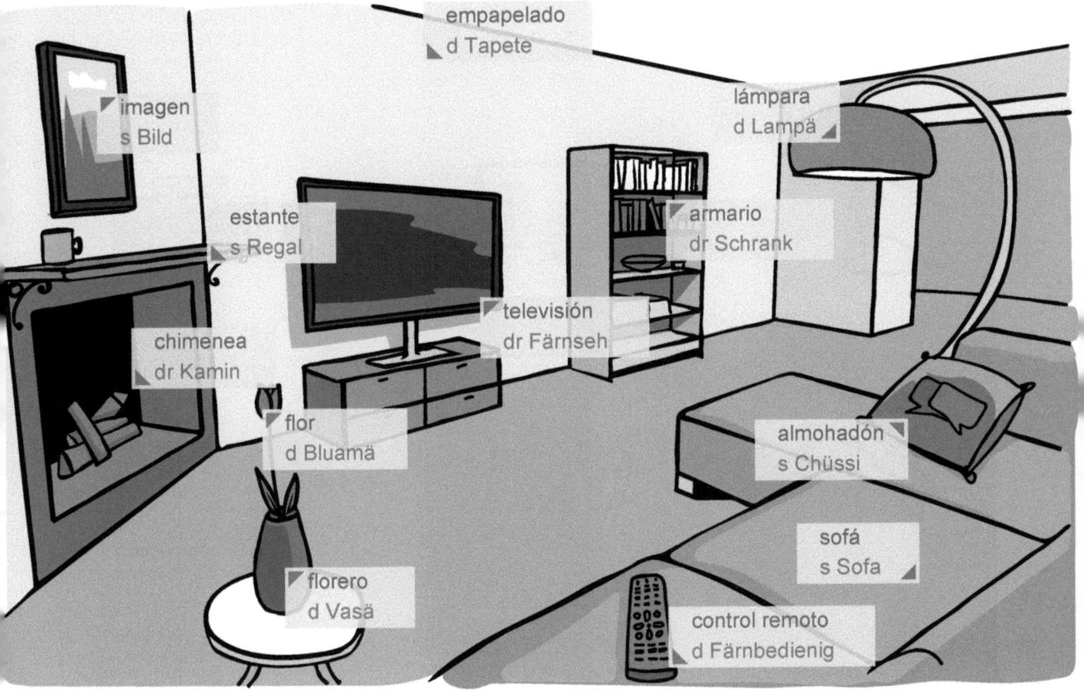

empapelado
d Tapete

lámpara
d Lampä

imagen
s Bild

estante
s Regal

armario
dr Schrank

chimenea
dr Kamin

televisión
dr Färnseh

flor
d Bluamä

almohadón
s Chüssi

sofá
s Sofa

florero
d Vasä

control remoto
d Färnbedienig

alfombra

dr Teppich

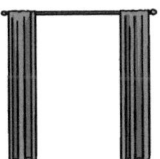

cortina

dr Vorhang

mesa

dr Tisch

silla

dr Stuohl

mecedora

dr Schaukelstuehl

sillón

dr Sässel

libro

s Buech

frazada

d Decki

decoración

d Dekoration

leña

s Füürholz

película

dr Film

equipo de música

d Stereoahlag

llave

dr Schlüssel

diario

d Ziitig

pintura

s Bild

póster

s Poster

radio

s Radio

cuaderno

dr Notizblock

aspiradora

dr Staubsuuger

cactus

dr Kaktus

vela

d Chärze

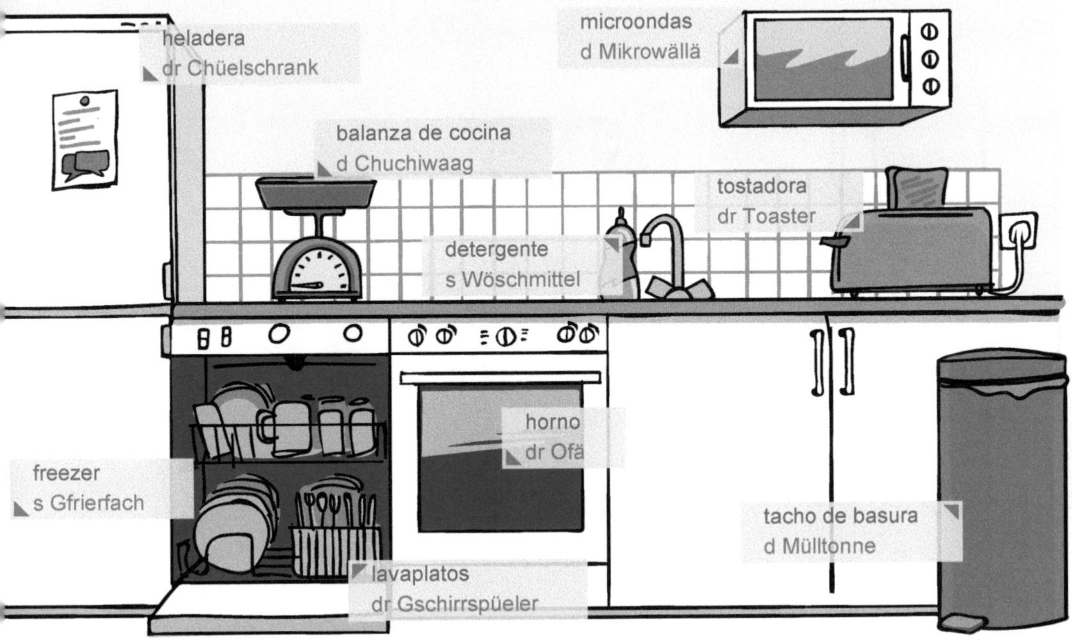

heladera
dr Chüelschrank

microondas
d Mikrowällä

balanza de cocina
d Chuchiwaag

tostadora
dr Toaster

detergente
s Wöschmittel

horno
dr Ofä

freezer
s Gfrierfach

tacho de basura
d Mülltonne

lavaplatos
dr Gschirrspüeler

cocina
dr Härd

olla
dr Topf

olla de hierro fundido
dr Iisetopf

wok
dr Wok / Kadai

sartén
d Pfanne

pava
dr Wasserchocher

vaporera

dr Dampfer

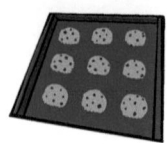

bandeja de horno

s Bachbläch

vajilla

s Gschirr

taza

dr Bächer

bol

d Schale

palitos

d Stäbli

cucharón

d Suppechellä

estpátula

dr Pfannewänder

batidora

dr Schneebäse

colador

s Sieb

colador

s Sieb

rallador

d Raffle

mortero

dr Mörser

parrilla

dr Grill

fogata

d Füürstell

tabla de picar

s Schniidbrätt

palo de amasar

s Nudelholz

sacacorchos

dr Korkäzieher

lata

d Dosä

abrelatas

dr Dosäöffner

manopla

dr Topflappä

pileta

s Wöschbecki

cepillo

d Bürste

esponja

dr Schwumm

batidora

dr Mixer

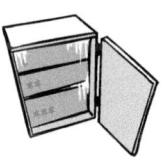

congelador

dr Gfrierschrank

mamadera

s Babyfläschli

canilla

dr Hahnä

baño

s Badzimmer

calefacción
d Heizig
ducha
d Duschi
toalla
s Handtuech
cortina de ducha
dr Duschvorhang
baño de espuma
s Schumbad
bañadera
d Badwanne
vaso
s Glas
lavarropas
d Wöschmaschine
canilla
dr Hahnä
baldosas
d Fliesä
pelela
s Töpfli
pileta
s Wöschbecki

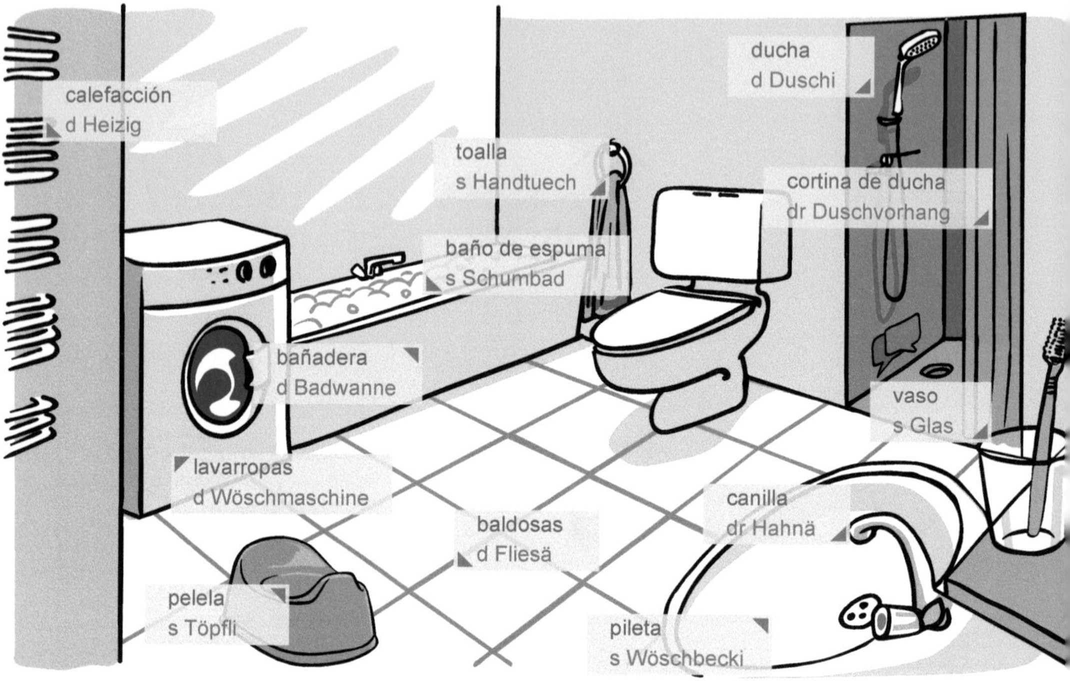

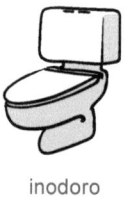

inodoro

d Toilette

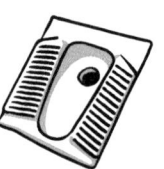

letrina

s Plumpsklo

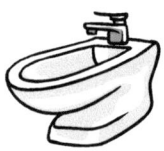

bidé

s Bidet

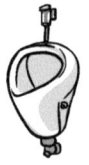

mingitorio

s Pissoir

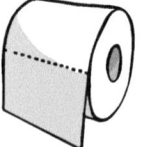

papel higiénico

ds Toilettepapier

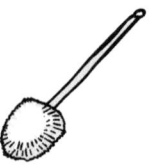

cepillo para el inodoro

d Toilettebürschteli

cepillo de dientes

d Zahbürstä

dentífrico

d Zahpasta

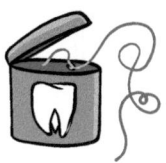

hilo dental

d Zahnsiide

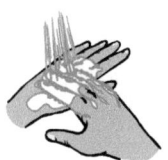

lavar

wäsche

ducha de mano

d Handduschi

ducha higiénica

d Intiimduschi

palangana

s Wöschbecki

cepillo para espalda

d Ruggäbürste

jabón

d Seifä

gel de ducha

s Duschgel

shampoo

s Shampoo

toallita

dr Waschlappä

desagüe

dr Abfluss

crema

d Creme

desodorante

s Deo

espejo

dr Spiegel

espejito

dr Handspiegel

maquinita de afeitar

dr Rasierer

espuma de afeitar

dr Rasierschuum

aftershave

s Aftershave

peine

dr Schträäl

cepillo

d Bürstä

secador de pelo

dr Föhn

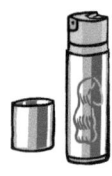

spray

s Hoorspray

maquillaje

s Makeup

lápiz de labios

dr Lippestift

esmalte para uñas

dr Nagellack

algodón

d Wattä

tijera para uñas

d Nagelscher

perfume

s Parfum

portacosméticos

s Necessaire

banqueta

dr Schemel

balanza

d Waag

bata

dr Badmantel

guantes de goma

dr Gummihändscheh

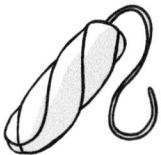

tampón

s Tampon

toallita femenina

d Damebinde

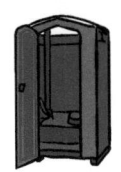

baño químico

d chemischi Toilette

cuarto de los chicos

s Chinderzimmer

despertador
dr Wecker
peluche
s Kuscheltier
coche de juguete
s Spielzügauto
sonajero
d Rassle
casa de muñecas
s Puppehuus
regalo
s Gschänk

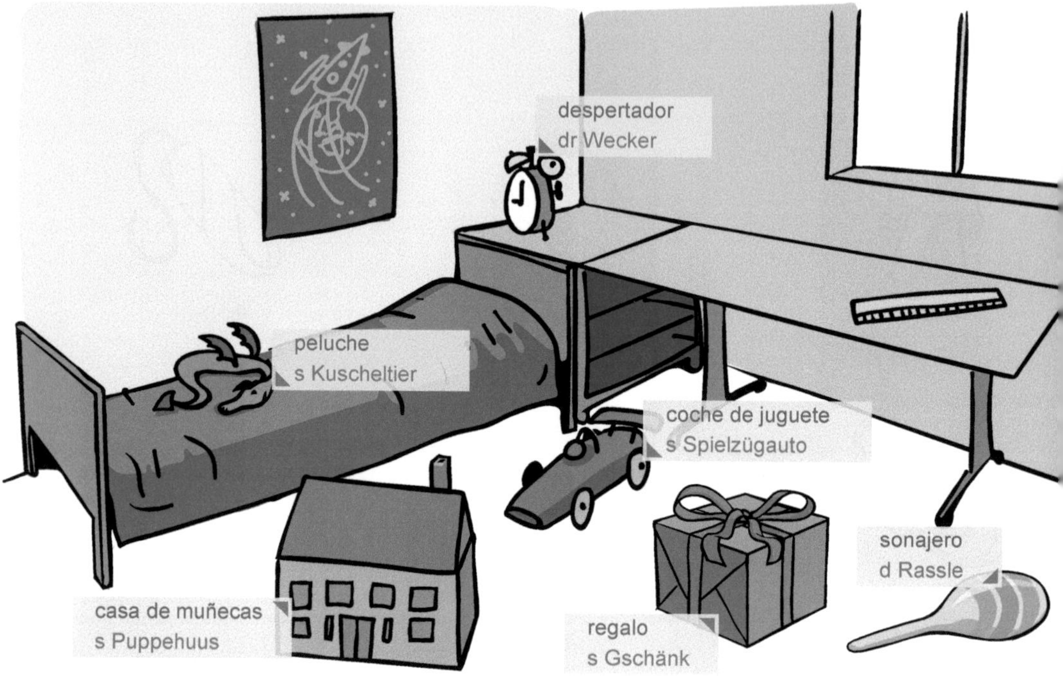

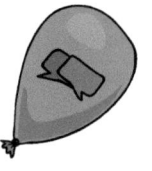

globo

dr Ballon

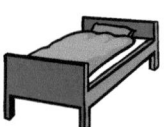

cama

s Bett

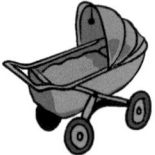

cochecito

dr Chinderwage

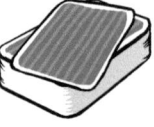

cartas

s Chartespiel

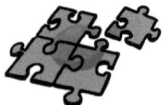

rompecabezas

s Puzzle

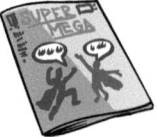

historieta

dr Comic

piezas de lego
d Legos

ladrillos de juguete
d Baustei

figura de acción
d Action Figur

enterito (de bebé)
s Strampli

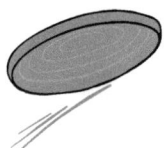

frisbee
s Frisbee

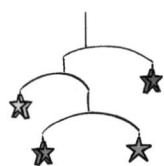

móvil para bebés
s Mobile

juego de mesa
s Brättspiel

dados
dr Würfäl

tren eléctrico
d Modellisebahn

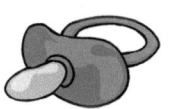

chupete
dr Nuggi

fiesta
d Party

libro de cuentos ilustrado

s Bilderbuch

pelota
dr Ball

muñeca
d Puppä

jugar
spiele

arenero

dr Sandchaschte

hamaca

d Gigampfi

juguetes

s Spielzüg

consola de videojuegos

d Videospielkonsole

triciclo

s Dreirad

osito de peluche

dr Teddy

armario

dr Chleiderschrank

ropa

d Chleidig

medias

d Sockä

medias panty

d Strümpf

calzas

d Strumpfhosä

bufanda
dr Schal

cinturón
dr Gürtel

paraguas
dr Rägeschirm

remera
s T-Shirt

zapatillas
d Turnschueh

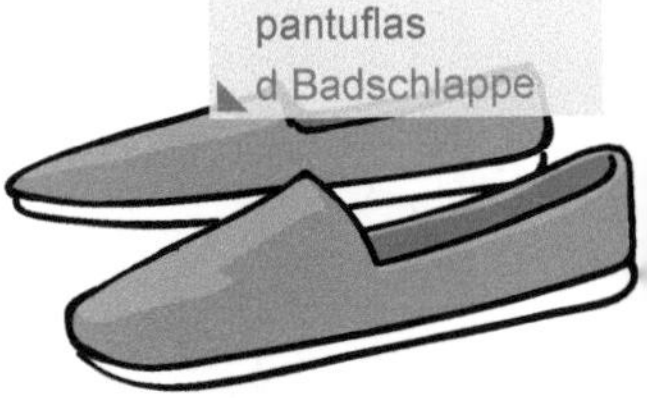

botas
dr Stiefel

pantuflas
d Badschlappe

sandalias
....
d Sandalä

zapatos
....
d Schueh

botas de goma
....
d Gummistiefel

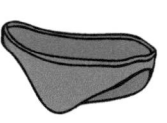

ropa interior
....
d Untrhosä

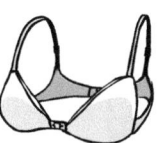

corpiño
....
dr BH

chaleco
....
s Underlibli

body

dr Body

pantalones

d Hosä

jeans

d Jeans

pollera

dr Rock

blusa

d Bluse

camisa

s Hömli

pulóver

dr Pulli

buzo

dr Kapuzepulli

blazer

dr Blazer

campera

d Jacke

tapado

dr Mantel

piloto

dr Rägämantel

traje

s Chostüm

vestido

s Chleid

vestido de novia

s Hochziitskleid

traje

dr Ahzug

camisón

s Nachthömli

pijama

s Pyjama

sari

dr Sari

pañuelo para cabeza

s Chopftuäch

turbante

dr Turban

burka

d Burka

caftán

dr Kaftan

abaya

d Abaya

traje de baño

s Badchleid

short de baño

d Badhose

shorts

d churzi Hosä

jogging

dr Trainer

delantal

d Schürze

guantes

d Händsche

botón

dr Chnopf

anteojos

d Brüllä

pulsera

s Armband

collar

d Chetti

anillo

dr Ring

aro

dr Ohrering

gorra

d Chappe

percha

dr Chleiderbügel

sombrero

dr Huet

corbata

d Grawattä

cierre

dr Riissverschluss

casco

dr Helm

tiradores

dr Hosäträger

uniforme escolar

d Schueluniform

uniforme

d Uniform

babero

s Lätzli

chupete

dr Nuggi

pañal

d Windle

oficina
s Büro

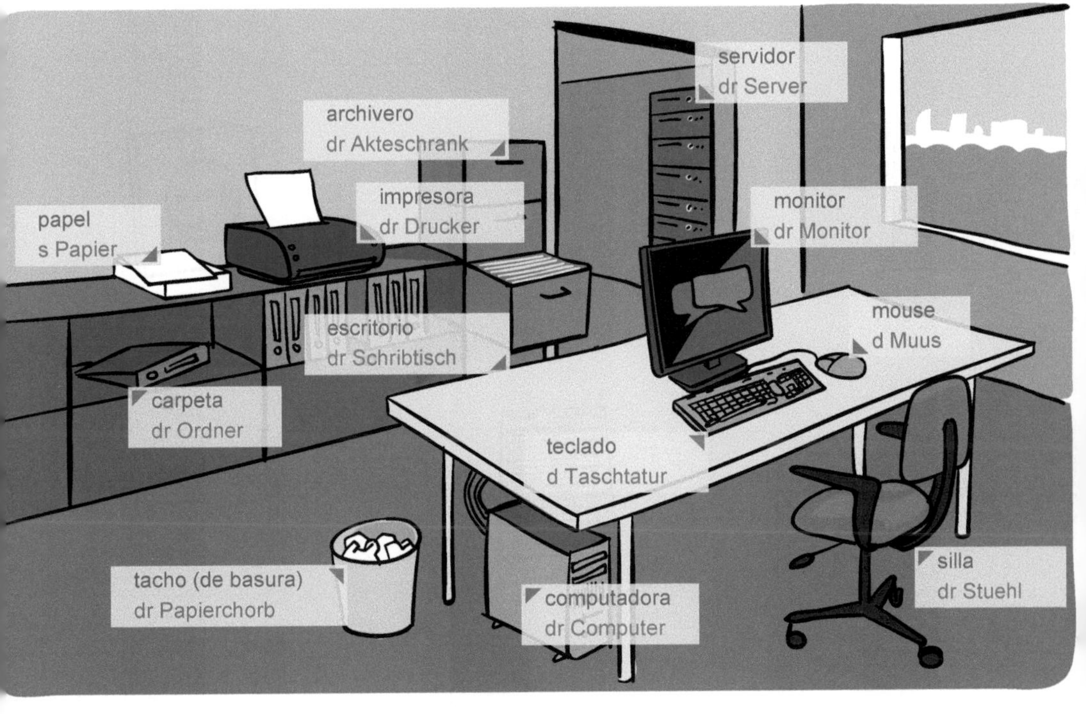

archivero
dr Akteschrank

servidor
dr Server

impresora
dr Drucker

monitor
dr Monitor

papel
s Papier

mouse
d Muus

escritorio
dr Schribtisch

carpeta
dr Ordner

teclado
d Taschtatur

tacho (de basura)
dr Papierchorb

silla
dr Stuehl

computadora
dr Computer

taza de café

dr Kafibächor

calculadora

dr Tascherächner

internet

s Internet

laptop

dr Laptop

carta

dr Brief

mensaje

d Nochricht

celular

s Mobiltelefon

red

s Netzwärk

fotocopiadora

dr Kopierer

software

d Software

teléfono

s Telefon

tomacorriente

d Steckdosä

fax

s Fax

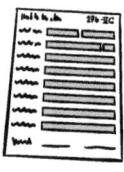

formulario

s Formular

documento

s Dokumänt

comprar

chaufe

pagar

zahle

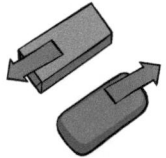

hacer negocios

handle

dinero

s Gäld

 **USD**

dólar

dr Dollar

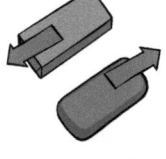 **EUR**

euro

dr Euro

 **JPY**

yen

dr Yen

 **RUB**

rublo

dr Rubel

 **CHF**

franco suizo

dr Frankä

 **CNY**

yuan

dr Renminbi Yuan

 **INR**

rupia

d Rupie

cajero automático

dr Gäldautomat

casa de cambio

d Wächselstube

oro

s Gold

plata

s Silber

petróleo

s Öl

energía

d Energie

precio

dr Preis

contrato

dr Vertrag

impuesto

d Stüür

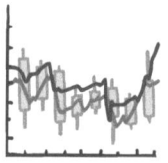

acción

d Aktie

trabajar

schaffe

empleado

dr Mitarbeiter

empleador

dr Arbeitgeber

fábrica

d Fabrik

negocio

s Gschäft

ocupaciones
d Brüef

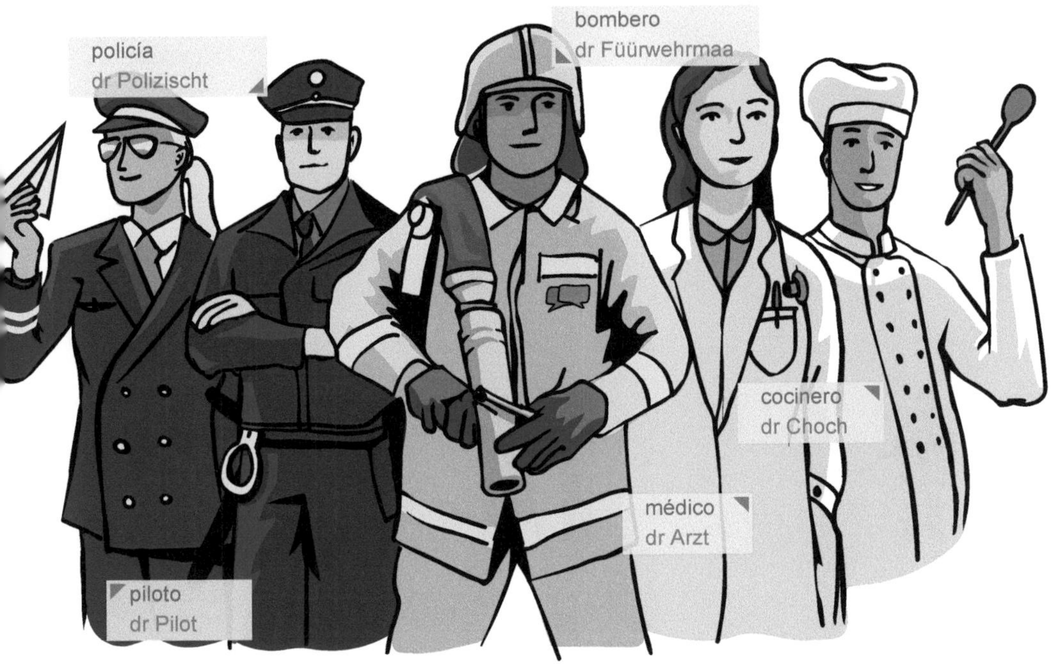
policía
dr Polizischt
bombero
dr Füürwehrmaa
cocinero
dr Choch
médico
dr Arzt
piloto
dr Pilot

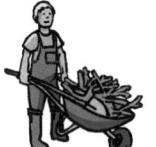

jardinero

dr Gärtner

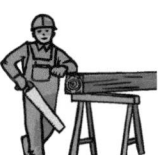

carpintero

dr Zimmermah

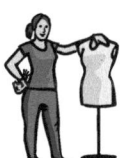

modista

d Näheri

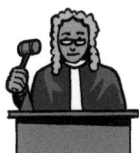

juez

dr Richter

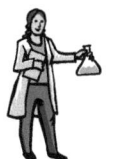

farmacéutico

dr Chemiker

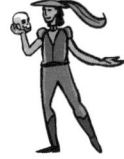

actor

dr Darsteller

colectivero

dr Busfahrer

taxista

dr Taxifahrer

pescador

dr Fischer

mucama

d Putzfrau

techista

dr Dachdecker

mozo

dr Chällner

cazador

dr Jäger

pintor

dr Moler

panadero

dr Bäcker

electricista

dr Elektriker

albañil

dr Bauarbeiter

ingeniero

dr Ingenieur

carnicero

dr Schlachter

plomero

dr Klämpner

cartero

dr Pöschtler

soldado

dr Soldat

arquitecto

dr Architekt

cajero

dr Kassierer

florista

dr Florischt

peluquero

dr Frisör

cobrador

dr Kontrolleur

mecánico

dr Mechaniker

capitán

dr Kapitän

dentista

dr Zahnarzt

científico

dr Wüsseschaftler

rabino

dr Rabbi

imán

dr Imam

monje

dr Mönch

sacerdote

dr Pfarrer

herramientas
d Werkzüüg

martillo
dr Hammer
tenaza
d Zangä
destornillador
dr Schruubedreier
llave
dr Schrubeschlüssel
linterna
d Taschelampä

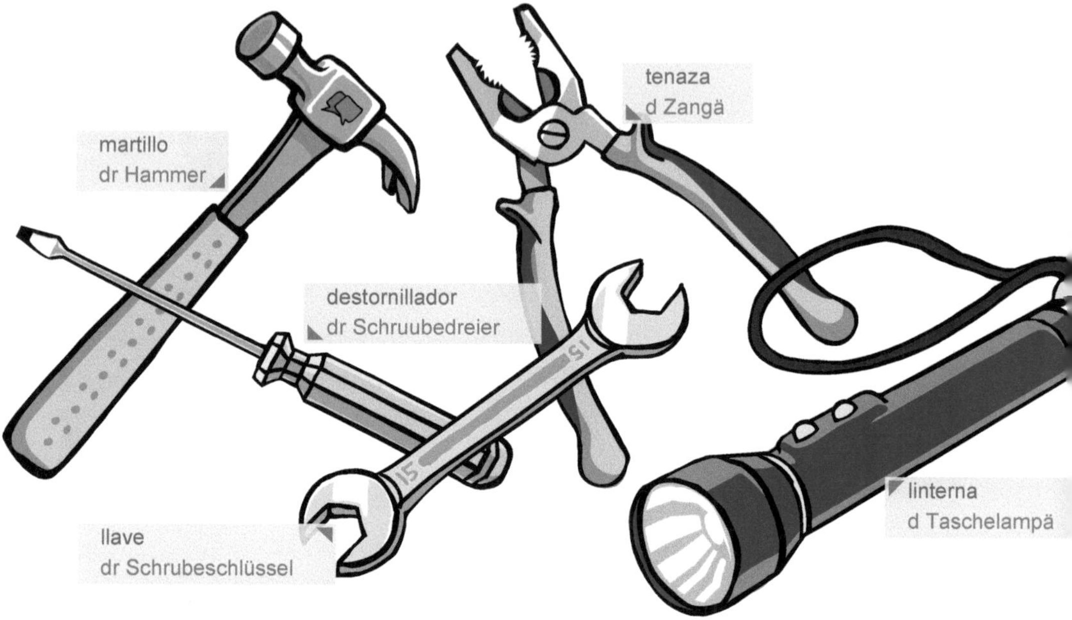

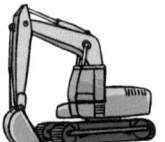

excavadora

dr Bagger

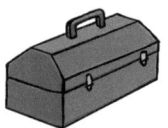

caja de herramientas

dr Werkzüügchaschte

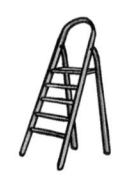

escalera portátil

d Leitere

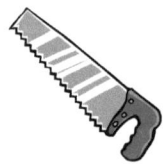

sierra

d Sagi

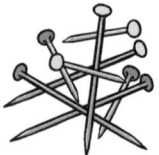

clavos

d Negel

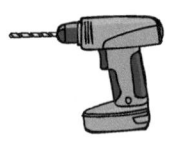

taladro

dr Bohrer

arreglar

flicke

pala de jardín

d Schufle

¡Qué bronca!

Mischt!

pala de plástico

d Ascheschufle

tacho de pintura

dr Farbchübel

tornillos

d Schruube

instrumentos musicales
d Musiginstrumänt

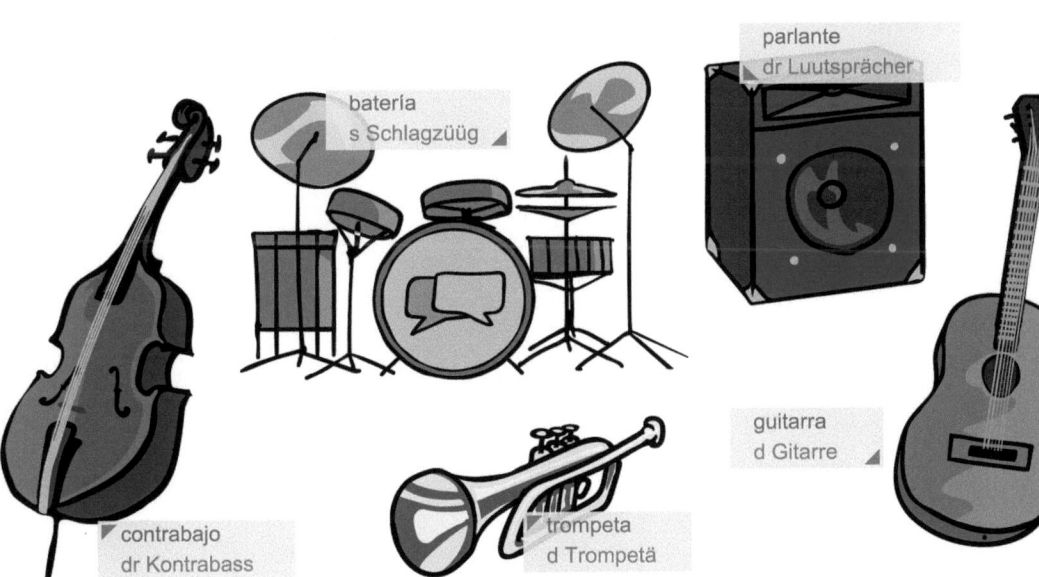

parlante
dr Luutsprächer

batería
s Schlagzüüg

guitarra
d Gitarre

contrabajo
dr Kontrabass

trompeta
d Trompetä

piano

s Klavier

violín

d Violine

bajo

dr Bass

timbales

d Pauke

tambor

d Trummle

teclado

s Keyboard

saxofón

s Saxophon

flauta

d Flöte

micrófono

s Mikrofon

zoológico
dr Zolli

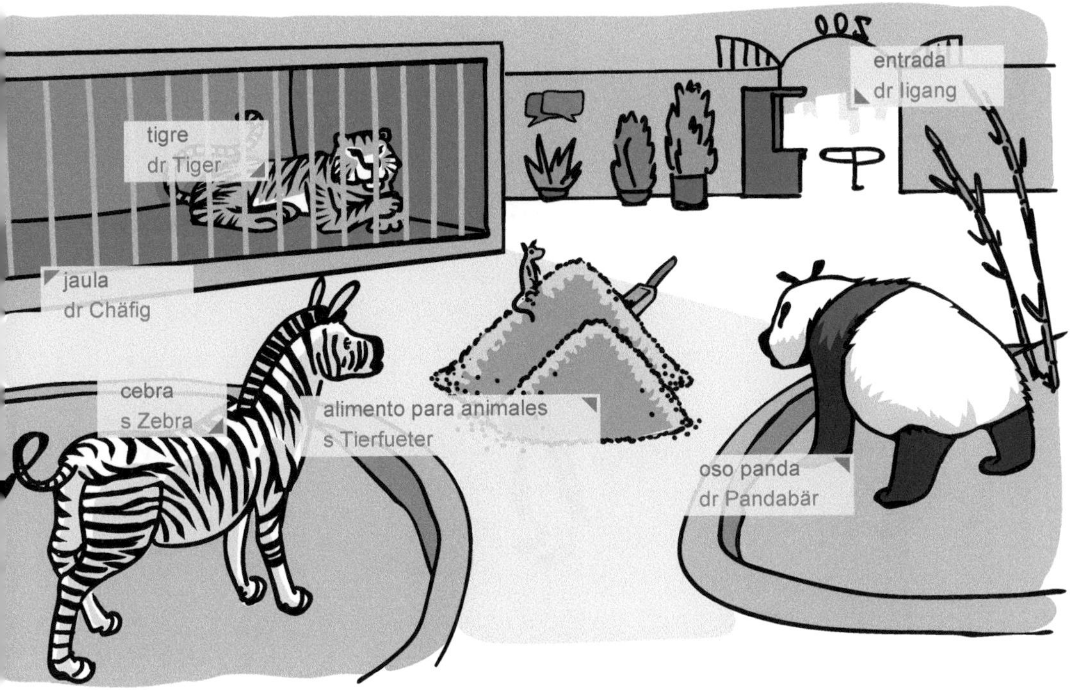
ZOO
entrada
dr Iigang
tigre
dr Tiger
jaula
dr Chäfig
cebra
s Zebra
alimento para animales
s Tierfueter
oso panda
dr Pandabär

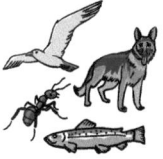

animales
d Tier

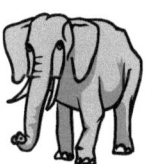

elefante
dr Elefant

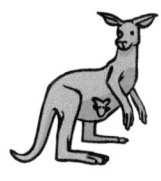

canguro
s Känguru

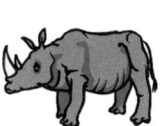

rinoceronte
s Nashorn

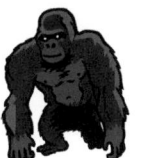

gorila
dr Gorilla

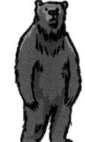

oso
dr Bär

camello

s Kamel

avestruz

dr Struss

león

dr Leu

mono

dr Aff

flamenco

dr Flamingo

loro

dr Papagei

oso polar

dr Iisbär

pingüino

dr Pinguin

tiburón

dr Hai

pavo real

dr Pfau

serpiente

d Schlangä

cocodrilo

s Krokodil

cuidador del zoológico

dr Zoowärter

foca

d Robbä

jaguar

dr Jaguar

poni

s Pony

leopardo

dr Leopard

hipopótamo

s Nilpfärd

jirafa

d Giraff

águila

dr Adler

jabalí

s Wildschwein

pescado

dr Fisch

tortuga

d Schildkrot

morsa

s Walross

zorro

dr Fuchs

gacela

d Gazelle

fútbol americano
s American Football

ciclismo
s Velofahre

tenis
s Tennis

básquet
dr Basketball

natación
s Schwümmä

boxeo
s Boxä

hockey sobre hielo
s Iishockey

fútbol

dr Fuessball

bádminton

s Badminton

atletismo

d Liechtathletik

handball

dr Handball

esquí

s Skifahre

polo

s Polo

actividades
d Aktivitäte

reír
lachä
saltar
springä
abrazar
umarme
caminar
gah
cantar
singe
soñar
troime
rezar
bätte
besar
küssä

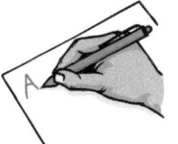

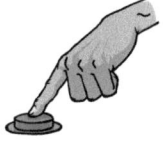

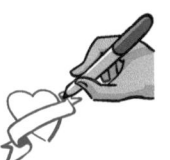

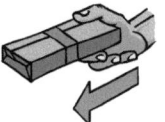

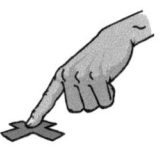

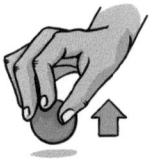

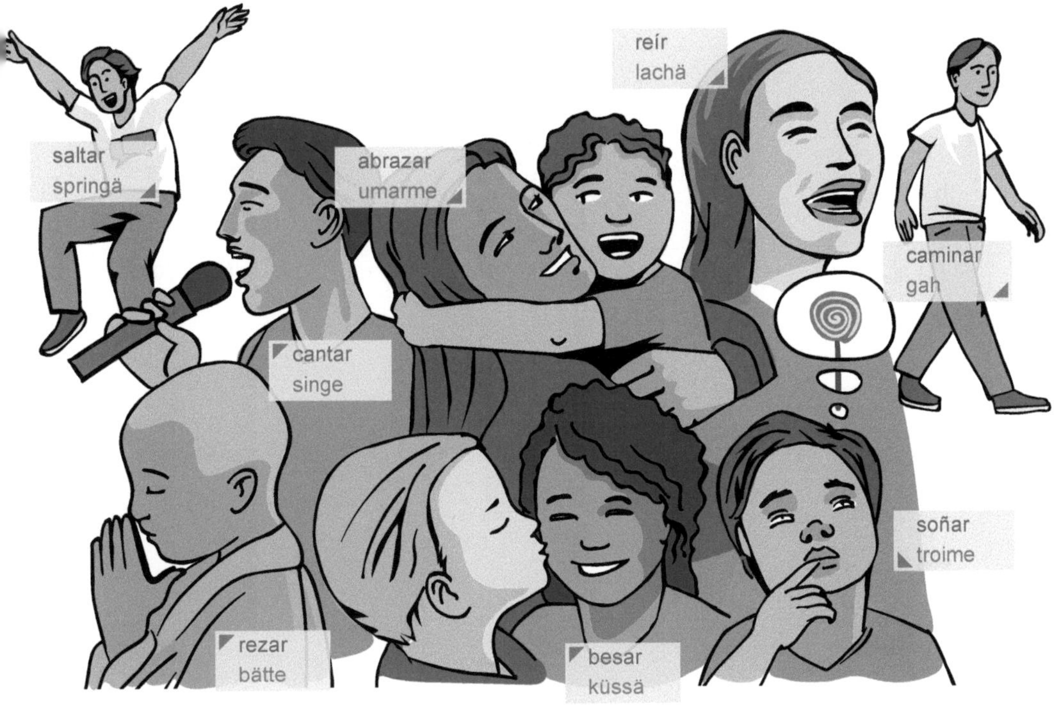

escribir
schribe

dibujar
zeichne

mostrar
zeige

presionar
schiebe

dar
gäh

tomar
näh

tener

händ

hacer

mache

ser

sy

estar parado

stah

correr

laufe

tirar

zieh

tirar

rüerä

caer

fallä

estar acostado

ligge

esperar

warte

llevar

träge

estar sentado

sitze

vestirse

ahzieh

dormir

schlafe

despertar

ufwache

mirar

ahluege

llorar

brüele

acariciar

striichle

peinar

bürste

hablar

redä

entender

verschtah

preguntar

froog

escuchar

lose

beber

trinke

comer

ässe

ordenar

ufruume

amar

liebe

cocinar

chochä

manejar

fahre

volar

flüge

navegar

segle

calcular

rächne

leer

läse

aprender

leerä

trabajar

schaffe

casarse

hürate

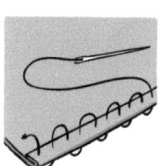

coser

näije

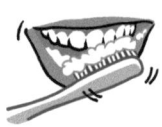

cepillarse los dientes

Zäh putze

matar

töte

fumar

schlootä

enviar

sände

buela
Grossmuetter

abuelo
dr Grossvater

padre
dr Vatter

madre
d Muetter

bebé
s Baby

hija
d Tochter

hijo
dr Sohn

invitado

dr Gast

tía

d Tante

tío

dr Unkel

hermano

dr Brüeder

hermana

d Schwöschter

cuerpo
dr Körpär

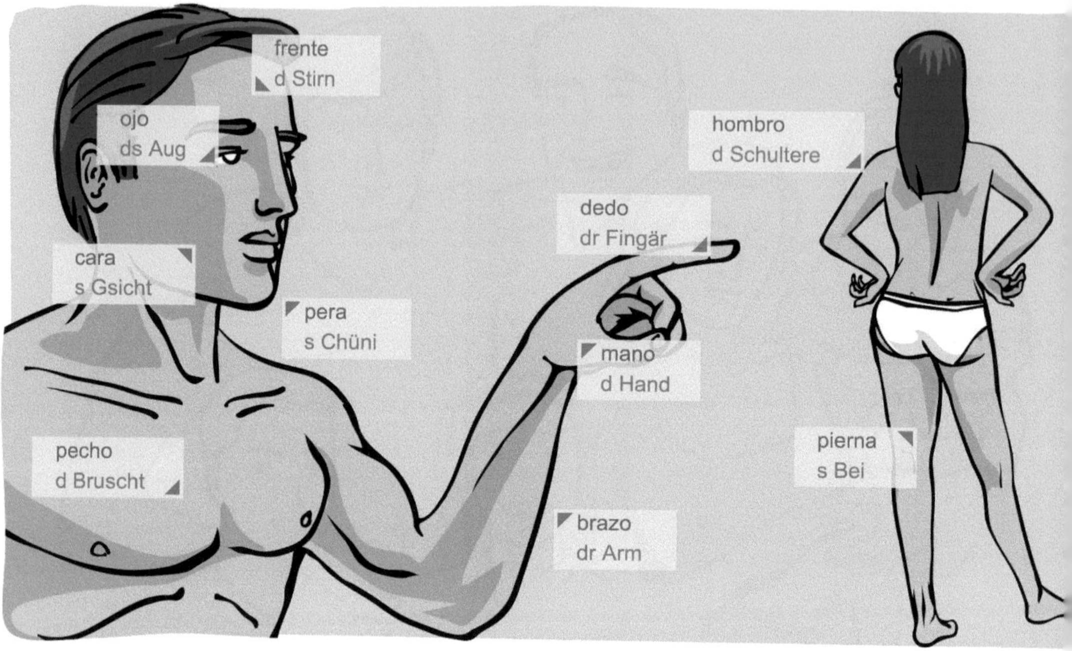

frente
d Stirn

ojo
ds Aug

hombro
d Schultere

dedo
dr Fingär

cara
s Gsicht

pera
s Chüni

mano
d Hand

pecho
d Bruscht

pierna
s Bei

brazo
dr Arm

bebé

s Baby

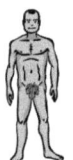

hombre

dr Mah

mujer

d Frau

nena

s Meitli

nene

dr Bueb

cabeza

dr Chopf

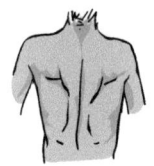

espalda

dr Ruggä

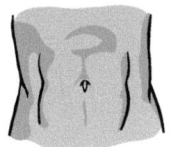

panza

dr Buuch

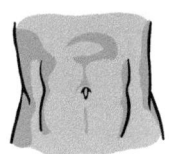

ombligo

dr Buchnabel

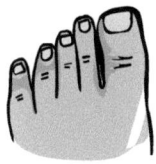

dedo del pie

dr Zäche

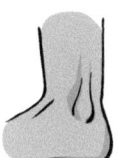

talón

d Fersä

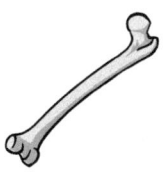

hueso

d Knoche

cadera

d Hüfte

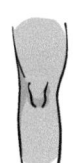

rodilla

s Chnü

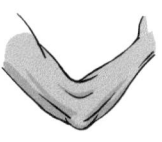

codo

dr Ellbogä

nariz

d Nase

cola

s Füdli

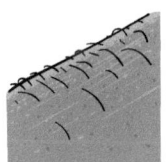

piel

d Hut

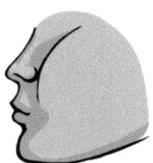

cachete

d Bagge

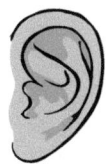

oreja

s Ohr

labio

d Lippe

boca
s Muul

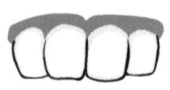

diente
dr Zah

lengua
d Zungä

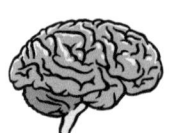

cerebro
s Hirni

corazón
s Härz

músculo
dr Muskel

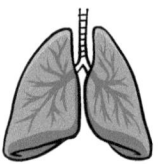

pulmón
d Lungä

hígado
d Läberä

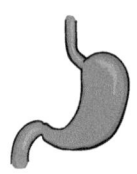

estómago
dr Magen

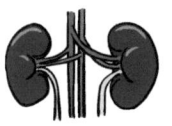

riñones
d Nierä

sexo
dr Gschlächtsvrkehr

preservativo
s Kondom

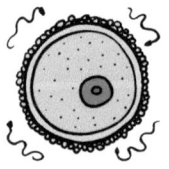

óvulo
d Eizälle

semen
dr Soome

embarazo
d Schwangerschaft

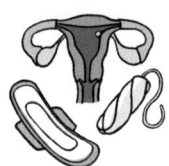

menstruación

d Menstruation

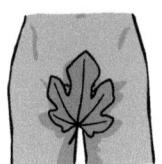

vagina

d Vagina

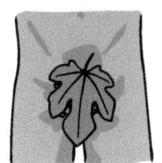

pene

dr Penis

ceja

d Augebrauä

pelo

s Haar

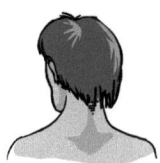

cuello

dr Hals

hospital

s Spital

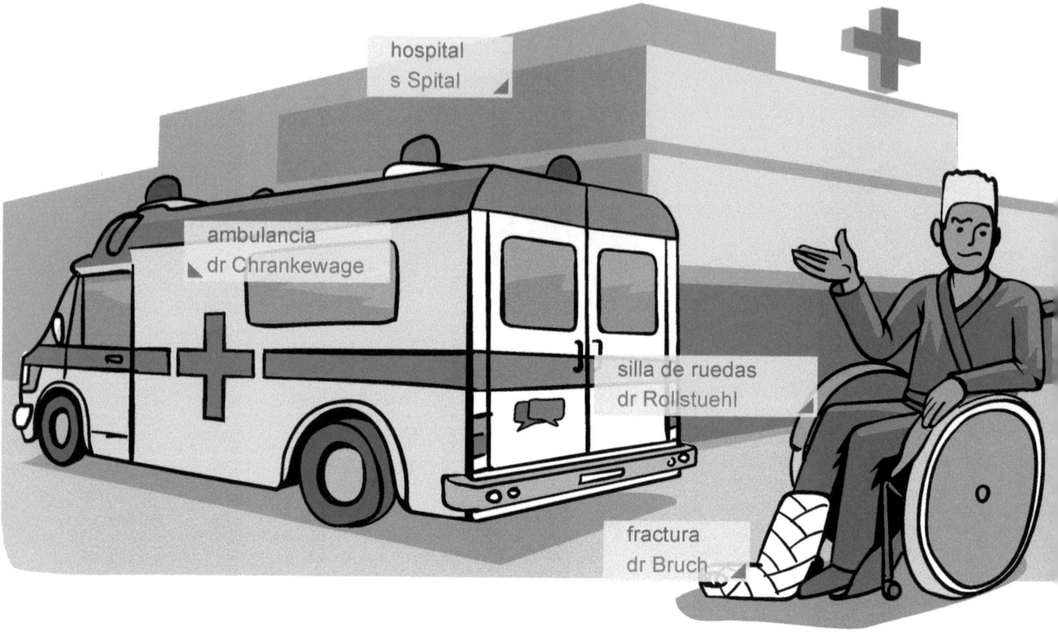

hospital
s Spital
ambulancia
dr Chrankewage
silla de ruedas
dr Rollstuehl
fractura
dr Bruch

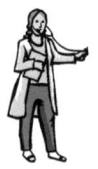

médico

dr Arzt

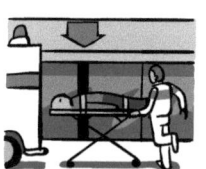

sala de guardia

d Notufnahm

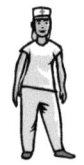

enfermera

d Chrankeschwöschter

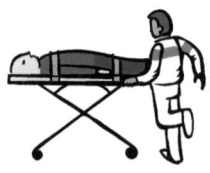

emergencia

dr Notfall

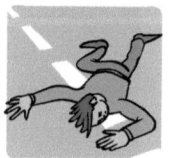

inconsciente

ohnmächtig

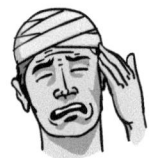

dolor

dr Schmärz

lesión

d Verletzig

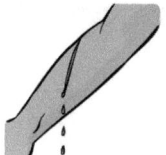

hemorragia

d Bluätig

infarto

dr Härzinfarkt

ACV

dr Schlagahfall

alergia

d Allergie

tos

dr Hueschtä

fiebre

s Fieber

gripe

d Grippe

diarrea

dr Durchfall

dolor de cabeza

d Kopfschmärze

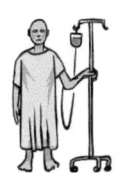

cáncer

dr Kräbs

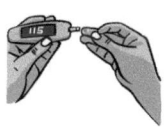

diabetes

dr Diabetes

cirujano

dr Chirurg

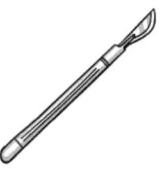

bisturí

s Skalpell

operación

d Operation

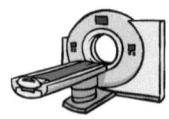

TC

s CT

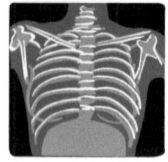

rayos x

s Röntgä

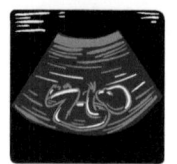

ecografía

s Ultraschall

barbijo

d Gsichtsmaske

enfermedad

d Krankhet

sala de espera

s Wartezimmer

muleta

d Krückä

curita

s Pflaster

venda

dr Vrband

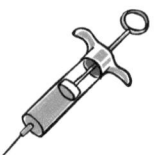

inyección

d Injektion

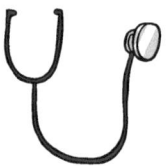

estetoscopio

s Stethoskop

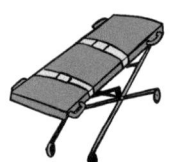

camilla

d Trage

termómetro

s Thermometer

nacimiento

d Geburt

sobrepeso

s Übergwicht

audífono

s Hörgrät

desinfectante

s Desinfektionsmittel

infección

d Infektion

virus

s Virus

VIH / SIDA

s HIV / AIDS

remedio

d Medizin

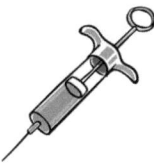

vacunación

d Impfig

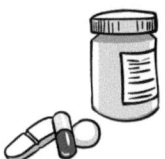

comprimidos

d Tablette

pastilla anticonceptiva

d Pille

llamada de emergencia

dr Notruef

tensiómetro

s Bluetdruck-Mässgrät

enfermo / sano

chrank / gsund

¡Ayuda!

Hiufe!

alarma

dr Alarm

agresión

dr Überfall

ataque

dr Ahgriff

peligro

d Gfohr

salida de emergencia

dr Notuusgang

¡Fuego!

Füür!

matafuego

dr Füürlöscher

accidente

dr Unfall

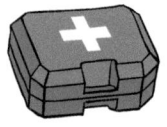

botiquín de primeros auxilios

dr Ersti-Hilf-Koffer

SOS

SOS

policía

d Polizei

Europa

s Europa

América del Norte

s Nordamerika

América del Sur

s Südamerika

África

s Afrika

Asia

s Asie

Australia

s Auschtralie

Atlántico

dr Atlantik

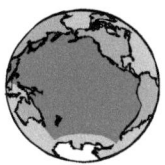

Pacífico

dr Pazifik

Océano Índico

dr Indische Ozean

Océano Antártico

dr Antarktische Ozean

Océano Ártico

dr Arktische Ozean

polo norte

dr Nordpol

polo sur

dr Südpol

Antártida

d Antarktis

Tierra

d Ärde

tierra

s Land

mar

s Meer

isla

d Inslä

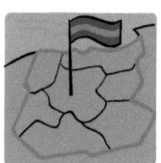

nación

d Nation

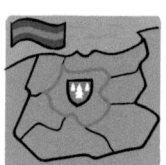

estado

dr Staat

esfera

s Ziffereblatt

manecilla de las horas

dr Stundezeiger

minutero

dr Minutezeiger

segundero

dr Sekundezeiger

¿Qué hora es?

Wie spaht isch es?

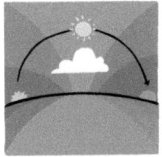

día

dr Tag

hora

d Zit

ahora

jetzt

reloj digital

d Digitaluhr

minuto

d Minute

hora

d Stunde

semana
d Wuche

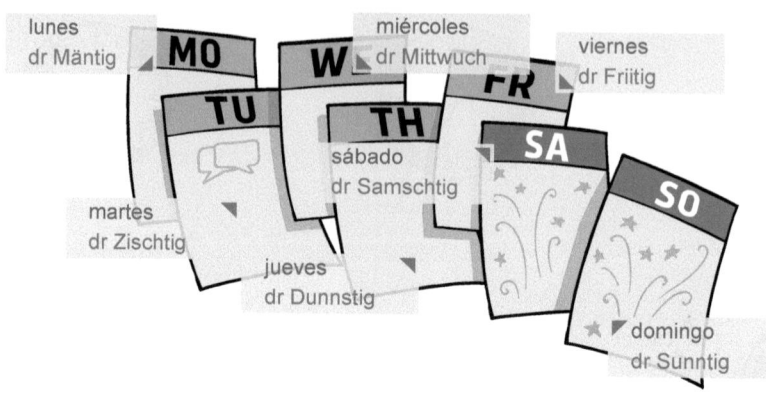

lunes
dr Mäntig

miércoles
dr Mittwuch

viernes
dr Friitig

martes
dr Zischtig

sábado
dr Samschtig

jueves
dr Dunnstig

domingo
dr Sunntig

ayer

geschter

hoy

hüt

mañana

morn

mañana

dr Morgä

mediodía

dr Mittag

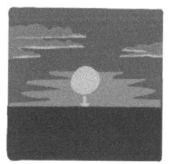

tarde

dr Aabig

días hábiles

d Wärktag

fin de semana

s Wuchenänd

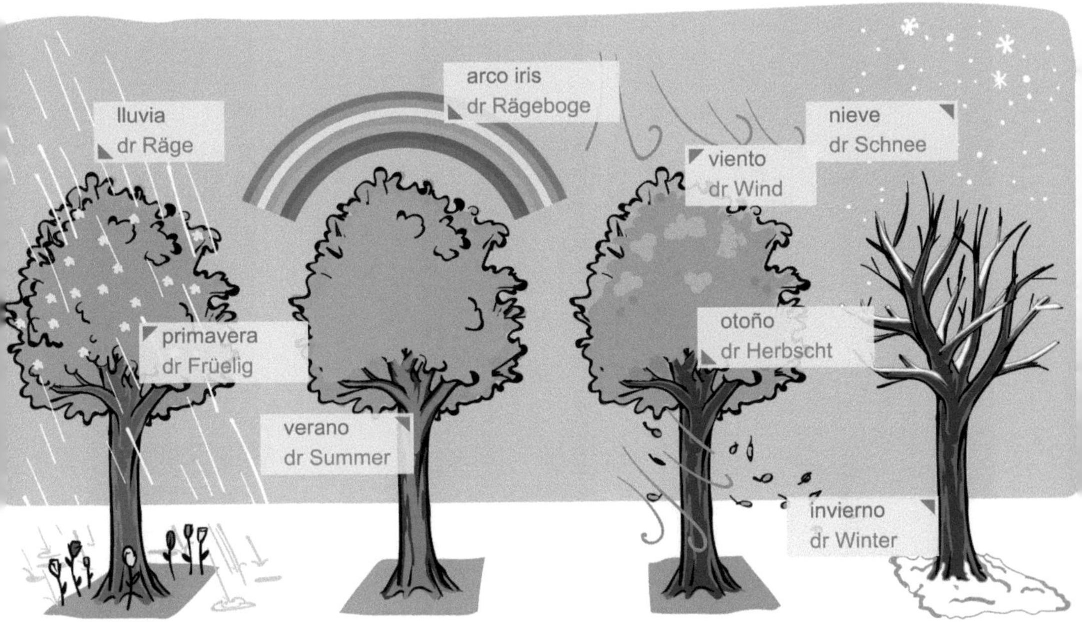

lluvia
dr Räge

arco iris
dr Rägeboge

viento
dr Wind

nieve
dr Schnee

primavera
dr Früelig

otoño
dr Herbscht

verano
dr Summer

invierno
dr Winter

4.APRIL	11°	☀
5.APRIL	4°	⛆
6.APRIL	13°	☂
7.APRIL	8°	❅
8.APRIL	10°	❅

pronóstico meteorológico

d Wättervorhärsag

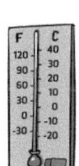

termómetro

s Thermometer

luz del sol

dr Sunneschiin

nube

d Wolkä

niebla

d Näbel

humedad

d Fiechtigkeit

rayo

dr Blitz

trueno

dr Dunner

tormenta

dr Sturm

granizo

d Hagel

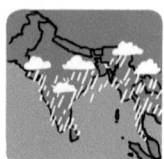

monzón

dr Monsun

inundación

d Fluet

hielo

s Iis

enero

dr Januar

febrero

dr Februar

marzo

dr März

abril

dr April

mayo

dr Mai

junio

dr Juni

julio

dr Juli

agosto

dr Auguscht

septiembre

dr Septämber

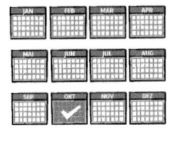

octubre

dr Oktober

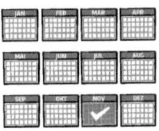

noviembre

dr Novämber

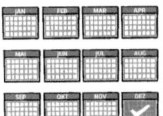

diciembre

dr Dezämber

formas
d Forme

círculo

dr Kreis

cuadrado

s Quadrat

rectángulo

s Rächteck

triángulo

s Dreieck

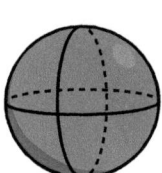

esfera

d Chugele

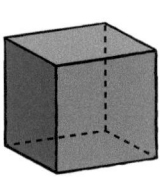

cubo

dr Würfel

blanco

wiss

amarillo

gäl

naranja

orange

rosa

pink

rojo

rot

violeta

liila

azul

blau

verde

grüen

marrón

bruun

gris

grau

negro

schwarz

mucho / poco

viel / wenig

enojado / tranquilo

hässig / ruhig

lindo / feo

hübsch / hässlich

principio / fin

dr Ahfang / s Ändi

grande / chico

gross / chli

claro / oscuro

hell / dunkel

hermano / hermana

dr Brüeder / d Schwöschter

limpio / sucio

suuber / dräckig

completo / incompleto

vollständig / unvollständig

día / noche

dr Tag / d Nacht

muerto / vivo

tot / läbig

ancho / angosto

breit / schmal

comestible / no comestible

ässbar / nid ässbar

malo / amable

bös / fründlich

entusiasmado / aburrido

uffreggt / glangwilt

gordo / flaco

dick / dünn

primero / último

zerscht / zletscht

amigo / enemigo

dr Fründ / dr Find

lleno / vacío

voll / läär

duro / blando

hart / weich

pesado / liviano

schwer / liecht

hambre / sed

dr Hunger / dr Durscht

enfermo / sano

chrank / gsund

ilegal / legal

illegal / legal

inteligente / estúpido

intelligänt / gatz

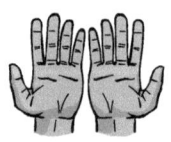

izquierda / derecha

links / rächts

cerca / lejos

nöch / wiit weg

nuevo / usado

neu / bruucht

nada / algo

nüt / öpis

viejo / joven

alt / jung

encendido / apagado

ah / uss

abierto / cerrado

offe / zue

silencioso / ruidoso

lislig / luut

rico / pobre

riich / arm

correcto / incorrecto

richtig / falsch

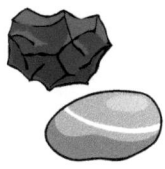

áspero / suave

rau / glatt

triste / contento

truurig / glücklich

corto / largo

churz / lang

lento / rápido

langsam / schnäll

mojado / seco

nass / trochä

caliente / frío

warm / chalt

guerra / paz

dr Chrieg / dr Friede

0

cero

Null

1

uno

eis

2

dos

zwei

3

tres

drü

4

cuatro

vier

5

cinco

foif

6

seis

sächs

7

siete

sibe

8

ocho

acht

9

nueve

nün

10

diez

zäh

11

once

elf

12
doce
....
zwölf

13
trece
....
drizäh

14
catorce
....
vierzäh

15
quince
....
füfzäh

16
dieciséis
....
sächzäh

17
diecisiete
....
siebzäh

18
dieciocho
....
achtzäh

19
diecinueve
....
nünzäh

20
veinte
....
zwänzg

100
cien
....
Hundert

1.000
mil
....
Tuusig

1.000.000
millón
....
Million

inglés

Änglisch

inglés americano

Amerikanischs Änglisch

chino mandarín

Chinesisch Mandarin

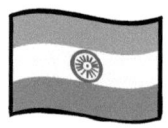

hindi

Hindi

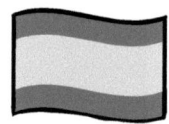

español

Spanisch

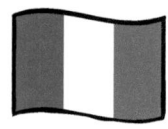

francés

Französisch

árabe

Arabisch

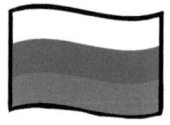

ruso

Russisch

portugués

Portugiesisch

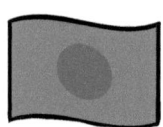

bengalí

Bengalisch

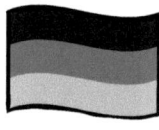

alemán

Dütsch

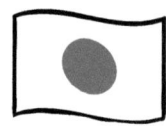

japonés

Japanisch

yo

ich

vos

du

él / ella

är / sie / es

nosotros

mir

ustedes

ihr

ellos

sie

¿quién?

wär?

¿qué?

was?

¿cómo?

wie?

¿dónde?

wo?

¿cuándo?

wänn?

nombre

Name

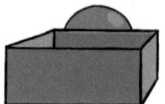

detrás

hinder

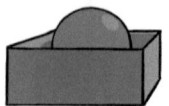

en

in

adelante de

vor

por encima de

über

sobre

uf

debajo de

under

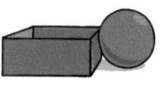

al lado de

näbe

entre

zwüsche

lugar

dr Ort